AF338679

PUBLICATIONS
DE L'ASSOCIATION HISTORIQUE DE L'AFRIQUE DU NORD

FOUILLES DE BÉNIAN

(ALAMILIARIA)

PAR

M. Stéphane GSELL

PARIS
ERNEST LEROUX, ÉDITEUR
28, RUE BONAPARTE, 28

1899

PUBLICATIONS

DE

L'ASSOCIATION HISTORIQUE

POUR L'ÉTUDE DE L'AFRIQUE DU NORD

I

FOUILLES DE BÉNIAN

STÉPHANE GSELL

FOUILLES DE BÉNIAN

(ALAMILIARIA)

PUBLIÉES SOUS LES AUSPICES

DE L'ASSOCIATION HISTORIQUE

POUR L'ÉTUDE DE L'AFRIQUE DU NORD

PARIS

ERNEST LEROUX, ÉDITEUR

28, RUE BONAPARTE, 28

1899

FOUILLES DE BÉNIAN

(ALAMILIARIA)

Une partie des fonds que le Comité de l'Association historique pour l'étude de l'Afrique du Nord nous a alloués, cette année, a été consacrée à des fouilles à Bénian, dans le département d'Oran. Nous avons confié la direction de ce travail archéologique à M. Rouziès, instituteur à Tizi, qui avait déjà trouvé à Bénian plusieurs inscriptions curieuses : l'une d'elles, épitaphe d'un évêque, nommé Nemessanus, est aujourd'hui au Louvre. Nous pouvions espérer que des recherches plus étendues amèneraient des découvertes importantes et notre attente n'a pas été trompée. L'Association sera vivement reconnaissante envers M. Rouziès du zèle et de l'énergie qu'il a montrés dans cette campagne de fouilles, particulièrement difficile et pénible : le pays est en effet éloigné de tout centre européen, dépourvu de ressources et d'un accès assez malaisé. M. Rouziès a dû monter son chantier avec un matériel des plus rudimentaires et des ouvriers peu adroits, vivre chichement et dormir à la belle étoile ou dans le caveau, fort maltraité par le temps, du vénéré Nemessanus. C'est en cet état que je l'ai trouvé à Bénian, quand je suis venu le rejoindre. Bien qu'ayant, pour ma part, goûté plus d'une fois de ce genre d'existence, je me suis senti ému d'un tel excès de misère. Grâce à l'amabilité de l'administrateur de la commune mixte de Mascara, M. Ximénès, nous avons pu du moins nous abriter sous une tente et coucher sur des litières de paille.

I

Les ruines de Bénian sont situées à environ 35 kilomètres sud-sud-est de Mascara, dans une vallée bordée par des montagnes dont les unes sont aujourd'hui dénudées, dont les autres portent des pins ou des fourrés de lentisques. Une petite rivière, aux eaux limpides, l'oued Taria, coule dans l'étroite plaine, où se dressent çà et là des oliviers. Le paysage, fermé par de larges lignes, est d'une sévère beauté. Une vallée secondaire établit une communication assez directe avec la région de Saïda, qui s'étend plus au sud, à la limite des terres cultivables et à l'entrée des steppes.

Bénian, mot qui veut dire en arabe *les constructions,* s'appelait dans l'antiquité *Alamiliaria.* Ce nom était celui d'un corps de troupes, d'une aile ou, si l'on veut, d'un régiment de cavalerie, composé de mille hommes. La ville romaine dont nous avons étudié les vestiges avait donc une origine toute militaire. C'était une des places les plus importantes de la frontière stratégique établie dans la province de Maurétanie Césarienne.

En l'an 40 de notre ère, Rome s'était annexé le royaume de Maurétanie, qui, du reste, était depuis longtemps une sorte d'état vassal. L'utilité de cette conquête ne parut pas incontestable à tout le monde. Quatre-vingts ans plus tard, l'historien Florus, qui était pourtant un africain, — on a du moins de bonnes raisons pour le croire, — se demandait ce que les Romains étaient venus faire dans ce

Tigzirt
Alger
Bougie
Cherchell
Tipasa
Renault
Kélif
Orléansville
Amoura
Berrouaghia
Sour Djouab
Aumale
Arzeu
St Leu
Rehzane
Massif de l'Ouarsenis
Boghar
Grimidi
Orni
Derrag
Ouled Mellal
Saneg
Perrégaux
Aïn Toukria
Touta
Chott el Hodna
S'Denis
Mina
Sersou
Dublineau
Guetna
Mascara
Mechera
Sfa
H. bou Hanefia
Tiaret
Benian
Djedar
Lalla Marnia
Tagremaret
Frenda
Tlemcen
Lamoricière
Chanzy
Teniro
Timizouine
Saïda
Aïn Sbiba
sig R.

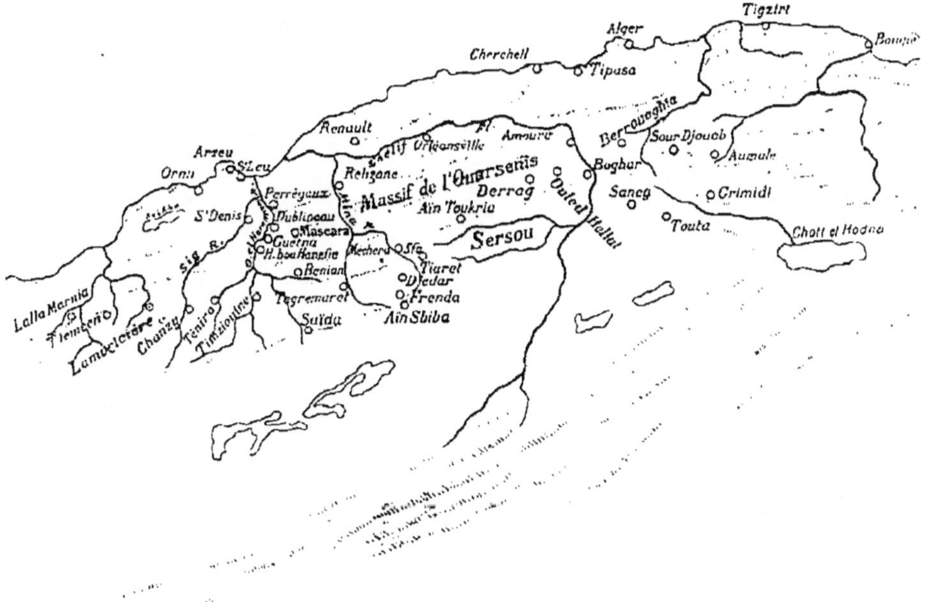

FIG. 1.

pays et s'ils n'auraient pas été plus avisés en le laissant à
ses rois. L'occupation fut d'abord très restreinte. Pendant
plus d'un siècle, et probablement même pendant plus de
cent cinquante ans, la ligne de places fortes et de postes qui
marquait la frontière militaire paraît avoir longé de près
le littoral (voir la petite carte ci-jointe, fig. 1). D'Aumale,
au sud-est d'Alger, elle se dirigeait sans doute vers
l'occident, en passant par Sour Djouab, par Berouaghia,
puis par Amoura, où elle atteignait le Chélif, qu'elle
longeait pendant près de deux cents kilomètres; elle allait
ensuite couper la Mina vers Relizane, l'Habra (ou Oued
el Hammam) vers Perrégaux, le Sig à Saint-Denis. C'était
là, il est vrai, une barrière stratégique ; les territoires qui
s'étendaient au delà étaient peut-être aussi soumis en
partie à l'autorité de Rome, mais cette autorité, qui n'était
pas appuyée par la présence de forces militaires, devait
être fort précaire.

L'insécurité dans laquelle vécut la Maurétanie au second
siècle dut convaincre le pouvoir impérial qu'une telle
frontière n'était pas suffisante. On se résolut à la reporter
plus au sud, pour barrer les routes du Tell aux nomades
pillards des steppes, pour surveiller plus étroitement,
dans le Tell même, les indigènes de certains massifs, en
particulier de l'Ouarsenis et des montagnes de la région
de Mascara. Cette œuvre, qu'il faut vraisemblablement
attribuer à Septime Sévère, était accomplie au début du
IIIe siècle. Des découvertes, dues surtout au commandant
Demaeght, permettent de reconstituer le tracé de la nouvelle ligne militaire qui couvrit la province, de la *praetentura*, comme l'appellent les inscriptions. Elle con-
sistait en une route, précédée sans doute d'un fossé et
jalonnée par des forteresses et des fortins. Dans la
direction de l'ouest à l'est, elle passait par Lalla Marnia
(à la frontière du Maroc), Tlemcen, Lamoricière, Chanzy,
Ténira, Timziouine, Tagremaret, Ain Sbiba près de Frenda,

puis probablement par Tiaret[1], Aïn Toukria, Derrag, les ruines des Ouled Hellal, Boghar, Saneg, Touta, Grimidi (au sud d'Aumale). On connaît les noms de quelques-unes des places fortes de cette frontière. Les uns sont romains, comme *Pomaria* (Tlemcen), *les Vergers* ; d'autres s'expliquent par la langue des indigènes, comme *Kaput Tasaccora* (Ténira), *la source de la rivière des perdrix* ; d'autres enfin offrent un intérêt particulier, car ils sont empruntés aux corps de troupes qui formaient les garnisons : *Cohors Breucorum* (Tagremaret), *Numerus Syrorum* (Lalla Marnia). Les Breuci étaient une peuplade illyrienne ; la troupe irrégulière appelée *numerus Syrorum* avait été recrutée à l'origine en Syrie. Des inscriptions nous apprennent d'autre part qu'à *Lucu* (Timziouine) il y avait une cohorte de Pannoniens, à Chanzy une aile de Parthes, à *Altava* (Lamoricière) une cohorte de Sardes, à *Pomaria* une aile d'éclaireurs, appelée *ala exploratorum Pomariensium*, du nom de la ville où elle résidait.

Alamiliaria fut une de ces places fortes. Elle était située entre *Cohors Breucorum* et *Lucu*, deux postes occupés par de l'infanterie. Peut-être ne se trouvait-elle pas sur la *praetentura* même, mais un peu en arrière.

On y distingue encore fort bien l'enceinte, qui a déjà été étudiée par La Blanchère. Nous nous sommes servi du plan de ce savant[2] pour dresser le nôtre (fig. 2.) La ville était carrée et mesurait deux cent quarante mètres de côté. L'oued Taria la contournait à l'est et au sud. Le rempart, marqué partout par un talus, affleure le sol en beaucoup d'endroits. Il est formé de deux murs accolés, un mur extérieur en pierres de taille et un autre, par derrière, en moellons. A l'ouest et au sud, s'ouvraient deux

---

1. On trouve, à l'est de Tiaret, les traces d'une autre frontière enfermant la région appelée le Sersou : elle est peut-être plus récente.
2. *Voyage d'étude dans une partie de la Maurétanie Césarienne* planche V.

portes, protégées par des tours rondes, de cinq mètres de
diamètre. A l'intérieur, un grand nombre de blocs taillés
jonchent le sol : ils ont appartenu à des constructions dont
la forme n'est plus reconnaissable. Un seul édifice attire
encore les regards : c'est la basilique chrétienne, entourée
d'une petite enceinte. Nous la décrirons tout à l'heure. Au
dehors, surtout au nord, de nombreux moellons et quelques
pierres de taille indiquent vaguement des habitations. De
ce lieu, une voie romaine, qui traversait d'abord un dos
de collines, puis l'immense plaine d'Eghris, allait rejoindre la vallée de l'Oued el Hammam ; le long de cette

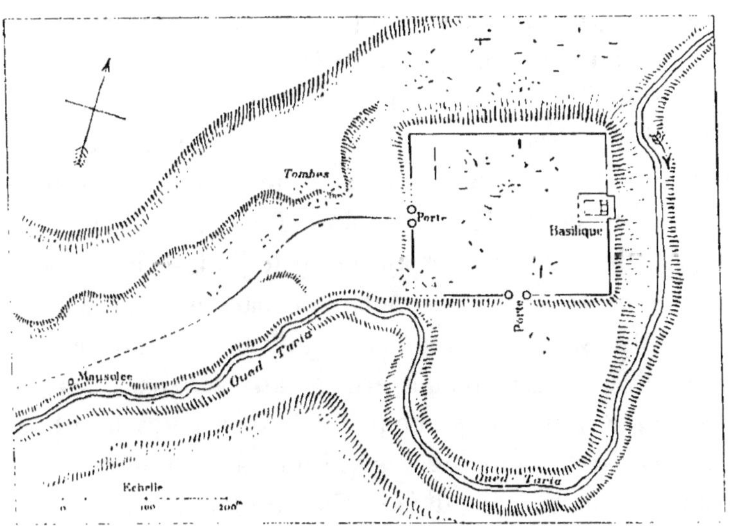

Fig. 2.

rivière, elle passait par la ville *d'Aquae Sirenses*, dont les
ruines se voient près d'Hammam bou Hanéfia, par Guelna,
par Dublineau, où il y avait des villages ; au sortir des
montagnes, elle atteignait *Castra Nova*, près de Perrégaux,
sur la première ligne militaire de la Maurétanie, et de là
probablement *Portus Magnus*, *le Grand Port*, aujourd'hui
Saint-Leu, près d'Arzeu. Bénian est ainsi reliée directe-
ment au littoral.

Quelques incriptions trouvées à Cherchell semblent prouver que *l'ala miliaria* tint d'abord garnison dans la capitale de la province, *Caesarea*. Ce fut vers la fin du second siècle ou au début du troisième qu'elle s'installa à Bénian, sinon tout entière, du moins en majeure partie : il est possible en effet que des détachements de ce corps aient été établis dans de petits postes du voisinage. Ceux qui connaissent la sûreté de pied et la force de résistance des chevaux africains ne s'étonneront pas de voir un régiment de cavalerie chargé de la garde d'un pays de montagne. Nous ne savons pas comment se recrutait à cette époque l'aile dont nous parlons : peut-être était-elle composée surtout d'indigènes, de même que les troupes voisines, malgré les noms exotiques qu'elles continuaient à porter en souvenir de leur première formation.

L'empereur Septime Sévère, qui créa probablement la nouvelle ligne stratégique de la Maurétanie, fut aussi l'auteur d'une importante réforme militaire. Il permit aux soldats de cohabiter avec leurs femmes[1]. Il est probable qu'à Bénian, comme au camp légionnaire de Lambèse à partir du troisième siècle, l'espace protégé par le rempart fut réservé aux magasins, aux locaux d'un caractère officiel, aux terrains d'exercice, aux écuries. Les cavaliers vivaient autour de l'enceinte, avec leurs familles, dans des constructions légères qui ont laissé peu ou point de traces. Alamiliaria devait ressembler un peu à ces smalas de spahis, où les tentes des soldats, mariés pour la plupart, sont dressées au pied d'un bordj élevé par l'Etat. Ce lieu de garnison devenait une véritable patrie pour des hommes qui y restaient de longues années (ils faisaient au moins vingt-cinq ans de service), et où ils avaient auprès d'eux ceux qui leur étaient chers. Quelques

---

1 Le texte de l'historien grec Hérodien qui nous donne ce renseignement se rapporte, il est vrai, aux légionnaires, mais cette mesure fut appliquée sans doute aussi aux soldats des troupes auxiliaires.

épitaphes, découvertes par hasard, nous font entrer, en quelque sorte, dans l'intimité de ces familles de soldats. Voici une inscription que les constructeurs de la basilique ont prise à quelque tombe ancienne et qu'ils ont jetée dans un mur[1].

D   M   S
AELIA ANTONINA VIXIT ANNIS XXV IVLIVS
PACATVS ISTATOR CONIVGI MERENTI PO
SVIT
AELIA AVITA VIXI DIEB C
AELIVS AVITIANVS VI▨▨
ANNIS III

D(is) m(anibus) s(acrum). Aelia Antonina vixit annis XXV. Iulius Pacatus istator coniugi merenti posuit. — Aelia Avita vixi(t) dieb(us) C. — Aelius Avitianus vi[x(it)] annis III. Trois bustes grossiers surmontent ces lignes, épitaphes de la femme et des deux enfants d'un certain Iulius Pacatus, qui était *stator*, c'est-à-dire planton ou ordonnance d'officier. Le graveur, homme peu lettré, a écrit *istator* au lieu de *stator*, comme de nos jours, de bonnes gens disent *estatue* pour *statue*. Ce soldat n'ayant pas été marié légitimement, ses enfants portaient le nom de leur mère, et non le sien.

Un officier subalterne, *optio*, élève un monument, d'ailleurs assez pauvre, à sa belle-mère, « qui l'a bien mérité »[2] :

D   M   S
CECILIVS CRES
CES OPT ACILIA
MAXIMAE · SOC
RAE · B · M ·
FECIT
VIXIT · A · LXX ·

<hr>

1. Elle a déjà été publiée, mais d'une manière insuffisante (*Bulletin de la Société de géographie d'Oran*, 1897, p. 407).

2. Tombe en forme de caisson demi-cylindrique, trouvée devant l'église.

D(is) m(anibus) s(acrum). C(a)ecilius Cresce(n)s, opt(io), Acilia(e) Maximae, socrae b(ene) m(erenti) fecit. Vixit a(nnis) LXX.

A partir de Sévère Alexandre (222-235), les vétérans reçurent des concessions de terres aux frontières. On dut les leur donner de préférence dans le voisinage des places fortes où ils avaient vécu, où les enfants de beaucoup d'entre eux servaient à leur tour l'empire. En cas de grand danger, ils pouvaient prêter main-forte à leurs cadets. M. Rouziès a découvert, à Bénian même, la tombe d'un ancien cavalier de l'*ala miliaria*, qui, après vingt-sept ans de service, était demeuré dans le pays et y était mort à soixante-dix ans[1]. Je donne ici le texte d'une autre inscription, nommant un soldat retraité, décédé à soixante et un ans. Cette pierre avait été employée dans un mur de la crypte de l'église.

<pre>
        D   M   S
    M O N T A N▨▨▨▨
    Q · EM · ANIS · LXI ·
    ET MII▨▨▨▨▨▨
    D A T I V A · M ▨▨▨
    I T▨▨▨A T I S I M▨
</pre>

« *D(is) m(anibus) s(acrum). Montan[us, e]q(ues) em(eritus), [vixit] an(n)is LXI et mil(itavit) [annis...?]. Dativa ma[r]it[o am]atis[s]imo.* » Comme on le voit, ces humbles épitaphes fourmillent d'incorrections : il ne faut pas oublier que nous sommes au bout du monde romain.

Le lieu de garnison de l'aile de cavalerie devint ainsi, avec le temps, le chef-lieu d'un district semi-militaire, semi-agricole. Ce ne fut plus seulement un camp, mais une véritable ville. Les environs étaient bien cultivés ; les oliviers y croissaient sans doute en plus grand nombre

---

1. *Bulletin d'Oran.* 1896. p. 373.

que de nos jours, car on rencontre dans les ruines beaucoup de fragments de pressoirs à huile

Avec les habitations, les cimetières s'étendirent. A
l'ouest, on reconnaît encore les traces d'une avenue bordée
de monuments funéraires : ce sont des autels, des pierres
en forme de caissons demi-cylindriques, comme il s'en
trouve presque partout dans l'Afrique romaine, enfin des
mausolées. Malheureusement les inscriptions qui auraient
pu nous donner d'utiles renseignements ont presque toutes
disparu ou sont devenues illisibles, et les tombes sont
très ruinées. Seul, un mausolée, assez bien construit
en pierres de taille, se dresse encore à quatre cents
mètres environ de la porte occidentale de l'enceinte. Posé
sur une base de deux degrés, il comprenait une chambre au rez-de-chaussée
et, au dessus, une sorte
de large *loggia*, que décorait peut-être une sta-
tue. La partie supérieure
est à peu près détruite.
La salle, dans laquelle
on entrait par le côté
sud, présentait des con-
soles (il en reste aujour-
d'hui cinq), placées à
différentes hauteurs et
creusées pour recevoir
des urnes cinéraires. Ce
tombeau a dû être celui

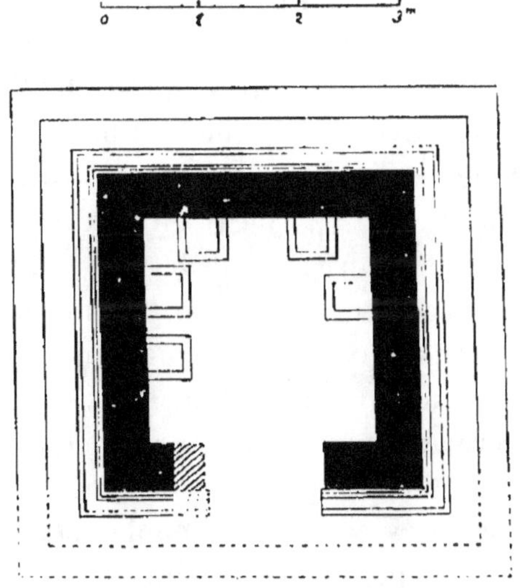

Fig. 3.

de quelque famille notable d'Alamiliaria. Nous en donnons ici un plan (fig. 3) et une vue, d'après notre photo-
graphie (fig. 4).

On ne doit pas s'exagérer les avantages que la Maurétanie retira de la création de sa nouvelle frontière militaire.
Il suffit de parcourir l'intérieur du pays, de voir partout

les villes entourées de solides remparts, les fermes forti-
fiées, les tours d'alarme placées sur les hauteurs, pour se
convaincre que cette contrée était toujours sur le qui-
vive. La seconde moitié du troisième siècle fut une
époque singulièrement troublée pour la province. Il fallut
entreprendre contre les indigènes des guerres longues,
pénibles, qui ne furent pas toutes heureuses [1]. En 297,
la situation paraissait si critique qu'un empereur, Maxi-
mien, passa la mer pour venir pacifier la Maurétanie.
Rome s'était arrêtée à une demi-mesure. Elle ne comprit
pas, comme notre Bugeaud, que la sécurité du Tell dépend
de la conquête des steppes et des oasis septentrionales du
Sahara. Conquête encore plus nécessaire alors que de nos
jours, car l'attitude hostile des habitants de ces régions,
beaucoup plus peuplées à cette époque, était une menace
perpétuelle. Il y avait là une réserve inépuisable de barbares, qu'attiraient les richesses du littoral et qui venaient
trop souvent se jeter sur la province comme des nuées de
sauterelles, dévastant tout sur leur passage.

Du moins, la ligne stratégique établie à la limite du
Tell semble avoir été maintenue jusqu'aux derniers
temps de la domination romaine. Au quatrième siècle, la
zone frontière était partagée en un certain nombre de dé-
partements militaires, dont les chefs, appelés *praepositi
limitum*, exerçaient leur autorité sur une population de
soldats-colons, auxquels on concédait des terres, à condi-
tion de fermer le passage aux envahisseurs. La faveur
que Sévère Alexandre avait accordée à des vétérans, les
princes du Bas Empire l'accordèrent à des hommes en
activité de service. Au milieu de cette masse armée, on
maintint quelques corps réguliers, formés de véritables

---

1. Il est vrai que nos sources (fort insuffisantes) mentionnent surtout
des insurrections qui éclatèrent à l'intérieur même du pays romain. Mais
les indigènes révoltés n'auraient pas pu résister bien longtemps, s'ils
n'avaient pas eu l'appui des barbares du Sud.

Fig. 4.

gens de guerre. L'*ala miliaria* continua-t-elle à exister et à tenir garnison à Bénian? Établit-on en ce lieu un *praepositus*, chargé d'administrer un des districts du *limes?* Nous l'ignorons complétement. Les seuls souvenirs que nous ayons gardés des derniers temps de la ville romaine sont religieux, et non militaires.

II

Les origines du christianisme en Maurétanie restent fort obscures. On connaît sur le littoral, à Cæsarea et à Tipasa, quelques épitaphes chrétiennes antérieures à la paix de l'Eglise. Dès le commencement du troisième siècle, Tertullien parlait des nombreuses tribus de Gétules et de Maures qui avaient déjà reçu l'évangile : « *Gaetulorum varietates et Maurorum multi fines* », dit-il, sans doute avec l'exagération qui lui est coutumière. La persécution de Dioclétien fit des victimes dans cette partie de l'empire romain : il y a quelques années, on a retrouvé à Renault, au nord du Chélif, l'inscription commémorative qui avait été placée sur la tombe de plusieurs de ces martyrs. Mais ce fut surtout à partir du règne de Constantin, que la foi nouvelle, désormais protégée par le pouvoir impérial, se répandit dans les provinces maurétaniennes. En tous lieux s'élevèrent des églises, dont les ruines subsistent encore çà et là et sont un des sujets d'étude les plus captivants pour les archéologues. A Orléansville, c'est la basilique qui fut construite en l'année 324 de notre ère, le plus ancien sanctuaire catholique qui porte une date. A Tipasa, c'est la grande église à neuf nefs, avec son baptistère et ses vastes dépendances ; c'est la chapelle funéraire de Sainte Salsa, jeune martyre dont les Tipasiens firent leur patronne ; c'est une autre chapelle, construite par l'évêque Alexandre pour abriter les tombeaux de ses prédécesseurs. A Tigzirt, on rencontre les vestiges de quatre églises, dont la principale, récemment fouillée par P. Gavault, a livré une multitude de débris d'architecture, dont l'ornementation est fort curieuse.

Les souvenirs chrétiens sont nombreux aussi dans le voisinage de la frontière. *Altava* et *Numerus Syrorum* ont fourni plusieurs épitaphes du quatrième siècle. Au siècle suivant, les inscriptions chrétiennes se multiplient : on en trouve, non seulement dans ces deux villes, mais aussi à Tlemcen, à Ternaten dans le voisinage de Frenda, à Tiaret, et près de là, à Méchera Sfa. Tout un cimetière de la même époque a été découvert à Guetna, au nord-ouest de Bénian. Des évêques de Pomaria, d'Altava, de Columnata [1], d'Aquæ Sirenses, de Castra Severiana [2] sont mentionnés en l'année 484. Mais à cet égard, nul lieu ne mérite plus l'attention qu'Alamiliaria. Les découvertes qui viennent d'y être faites éclaireront d'une plus vive lumière l'histoire religieuse de la Maurétanie au cinquième siècle. Elles nous ont rendu une basilique chrétienne, l'épitaphe d'une martyre et plusieurs épitaphes d'évêques et de prêtres ; elles nous ont apporté un des derniers échos de la longue querelle des donatistes et des catholiques.

Les constructions qui ont été fouillées à Bénian, au mois d'avril de cette année, sont :

1°) une série de caveaux funéraires ;

2°) une église ;

3°) une enceinte entourant à la fois l'église, divers locaux annexes et les caveaux.

Voir le plan d'ensemble, fig. 5.

Malheureusement, il n'a pas été possible de procéder à un dégagement complet de ces ruines, qui sont ensevelies sous une couche de terre épaisse de deux mètres à 2^m.50.

1. Dans la région de Tiaret.
2. Cette ville, dont la position exacte est inconnue, devait être une des places fortes de la frontière.

Pour les mettre entièrement à découvert, il aurait fallu
disposer d'un meilleur outillage, de fonds moins restreints
et aussi de plus de temps. Nous avons été précédés à Bénian
par des Marocains, chercheurs de trésors. Ils ont fait, en
divers endroits, d'énormes trous, — l'un d'eux n'a pas
moins de quinze mètres de profondeur, — trous gênants et

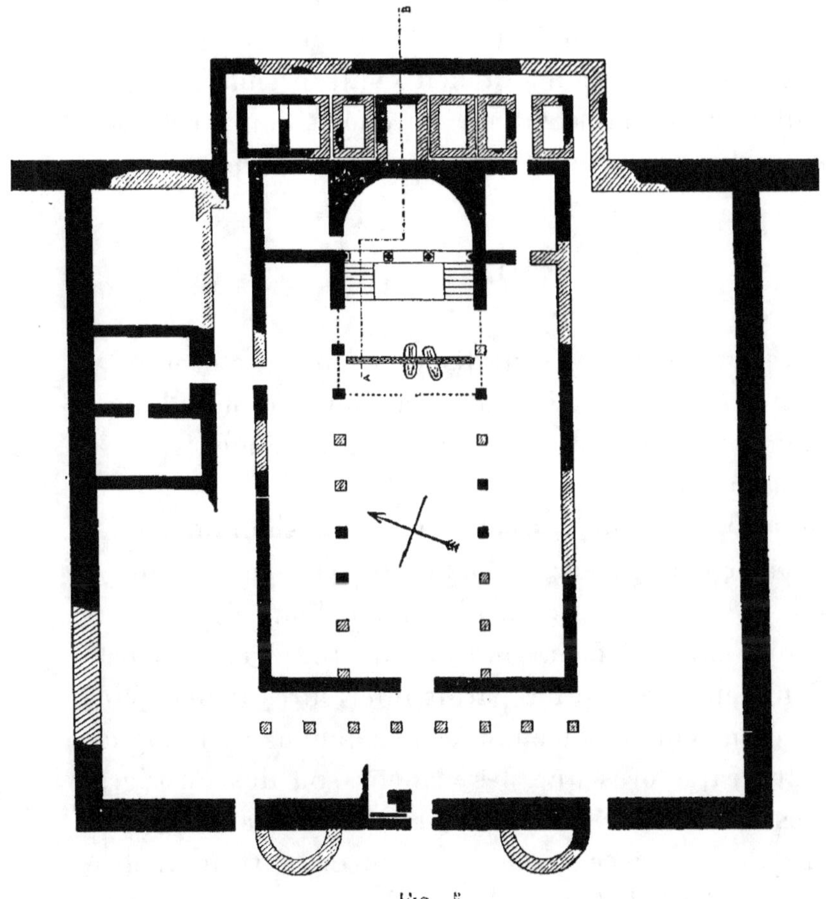

Fig. 5.

dangereux, dont les déblais durcis forment des monticules
qu'il eût été très coûteux de faire disparaître. Nous nous
sommes donc attachés à déblayer les parties les plus importantes ; ailleurs nous avons fait des sondages pour re-

connaître les dispositions des différents bâtiments. Nous croyons qu'en somme il n'y a plus guère de trouvailles intéressantes à faire en cet endroit; mais, plus tard, si l'on trouve les facilités de travail nécessaires, surtout si l'on dispose d'un petit chemin de fer Decauville[1], on pourra exhumer complètement la basilique et ses dépendances, remettre en place quelques piliers, quelques arcades, et composer ainsi un ensemble agréable à l'œil. Ce sera une œuvre que l'administration fera bien d'entreprendre quand elle installera à Bénian le village européen dont la création est décidée en principe depuis très longtemps.

III

Les caveaux funéraires sont disposés en ligne droite, à l'extérieur et à l'est de la place forte, au sommet d'une pente rapide qui descend vers la rivière. Ils étaient presque adossés au rempart.

Ils renfermaient jadis les cercueils de plusieurs personnages appartenant au clergé. Le premier caveau (au nord) est le mieux conservé. Construit en moellons, il mesure 2^m10 de long sur 1^m55 de large. Haut de 1^m80, il est couvert d'une voûte en berceau. Les parois intérieures avaient été enduites d'une couche de chaux, sur laquelle on distingue encore des caractères que des visiteurs ou des ouvriers ont tracés à la pointe, avant la fermeture de la chambre. Plusieurs de ces inscriptions sont encore fort distinctes (voir fig. 6). C'est d'abord un alphabet presque complet, dont les lettres présentent les formes en usage au ve siècle; puis le nom d'une certaine *Rogata*; à côté, on lit les lettres ROGA, tracées sans doute par la même femme ou jeune fille, qui aura voulu écrire une seconde fois son

---

1. Nos ouvriers n'avaient pour emporter la terre que des paniers d'alfa.

nom, mais se sera arrêtée en chemin ; ailleurs, c'est une simple R. Les cercueils étaient en bois. On a retrouvé des débris de planches, en thuya, qui appartenaient à l'une de ces caisses et qui contenaient encore quelques ossements. La façade du caveau, à l'est, portait une inscription faisant connaître les noms des deux morts enfermés en cet endroit. M. Rouziès l'avait découverte avant les dernières fouilles et elle a déjà été publiée [1]. Il convient cependant de la reproduire ici :

« *Memoria sancti semperque gloriosi patris nostri Nemessani ep(i)s(copi). Vixit annis LX, inter quibus XVIII quos sacerdotium D(omi)no administravit, et requievit in pace XI k(a)l(endas) ianuaria(s), a(nno) p(rovinciae) CCCLXXX et III.—Iulia Geliola, sacra Dei, sacerdotis soror, vixit annis L, et requievit in pace nona(s) octo(bres), a(nno) p(rovinciae) CCCLXXX et III.* »

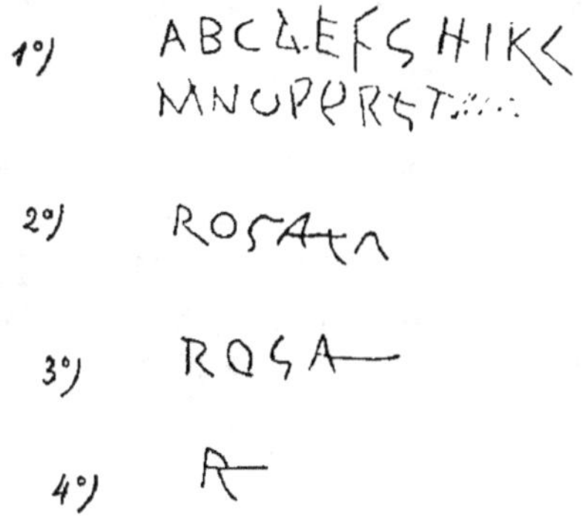

Fig. 6.

Il s'agit donc d'un évêque, Nemessanus, qui vécut soixante ans et siégea dix-huit ans ; il mourut le 22 décembre 422. Avec lui fut ensevelie sa sœur, Julia Geliola, qui s'était consacrée à Dieu : elle avait vécu cinquante ans et était morte quelques semaines à peine avant Nemessanus, le 7 octobre.

La paroi de gauche du caveau est percée d'une porte étroite, donnant accès à une autre chambre, qui est entièrement ruinée. En l'année 433, le corps d'un prêtre, Victor, décédé le 21 septembre, y fut déposé par les soins de

____
1. *Bulletin d'Oran*, 1896, p. 116.

son frère [1], ainsi qu'en témoigne l'inscription suivante, qui murait l'entrée de ce second caveau [2].

« *Memo(ria) Victoris p(res)b(yteri). Vixit annis LII ; dis(cessit) XI k(a)l(endas) octob(res). Lucianu(s) frater fecit, (anno) pro(vinciae) CCCXC et IIII.* »

Des autres caveaux, il ne reste plus que quelques vagues traces de murs. Mais les inscriptions funéraires ont été presque toutes retrouvées, ce qui est le principal. Voici celle qui paraît avoir été placée sur le front du troisième caveau : elle a glissé quelques mètres plus bas [3].

```
▨LM̊ SNCTI PAR D° NAI EPS ▨▨▨▨
 .  .  .  .  .  .  .  .  .  .  .  .  .  .  .  .  .  .      4
▨▨▨VIXIT NNIS  I̲X̲X̲X̲ INTER QVIBVS ▨▨
SACERDOTIVM DNO A TMINIST ▨▨▨
REQIEVIT PRIDIE I ▨ ANASIVV ▨▨▨▨
SVS DIACONVS FRATRI FECIT ▨ ⸱ UIK ET ▨▨
SERAN ▨▨▨▨▨▨▨▨▨▨▨ SVPERAVEDN ▨
```

« [*M*]*emo(ria) sancti patr(is) Donati ep(i)s(copi) .... Vixit annis LXXX, inter quibus.... sacerdotium D(omi)no a(d)minist[ravit, et] req(u)ievit pridie* [*k(a)l(endas) ?*] *i*]*an(u)a[r(ias) ?*] ...... *sus diaconus fratri fecit,* [*a(nno) p*]*r(ovinciae) CCCC et* .... »

C'est l'épitaphe d'un évêque, Donatus, décédé à quatre-vingts ans, après l'année 439. Son frère, qui était diacre, lui fit élever ce monument. Il est regrettable que le texte soit mutilé ; par suite de cet accident, nous ignorons la date précise de la déposition et il nous est impossible de saisir

---

1. Pour introduire ce corps, il fallut naturellement rouvrir le tombeau de Nemessanus. qui fut ensuite muré de nouveau.

2. *Bull. d'Oran*, 1896. p. 116. Je n'ai pas retrouvé cette pierre à Bénian. Elle a été, m'a-t-on dit, jetée à la rivière par des Arabes, avec celle du prêtre Crescens. dont nous parlerons tout à l'heure.

3. Déjà publiée, mais incomplètement, dans le *Bullelin d'Oran*, 1896, p. 375.

4. Le graveur avait écrit une seconde ligne à cet endroit; mais ayant sans doute commis quelque erreur, il a martelé cette ligne et a repris la suite de l'inscription un peu plus bas.

Fig. 7.

le sens des indications, peut-être intéressantes, qui termi-
naient l'inscription.

Le quatrième caveau a reçu le corps d'une martyre,
comme le prouve l'épitaphe, trouvée dans les fouilles ré-
centes. Elle est gravée sur une table de grès [1], qui était
encastrée dans le mur fermant la chambre à l'est. Mais
tandis que les autres inscriptions [2] paraissent avoir été
placées en dehors des caveaux, face à l'orient, celle-là, à
en juger par l'endroit où on l'a découverte, regardait
l'ouest et décorait l'intérieur du réduit funéraire. Nous indiquerons plus loin le motif de cette disposition particu-
lière, qui n'est probablement pas la primitive. Je repro-
duis ici l'inscription, dont l'importance n'échappera à
personne (fig. 7) :

```
MEM · ROBBE SACRE DEI GERMNA
HONOR ▨▨▨ QVESIREN · EPSI · CEDE ·
TRADI ▨▨▨ VEXATA MERVIT DIGNI
TATE · MRIIRI · VIXIT · NNIS L · ET RED
DIDI · ISPM · DIE · ꟼII · KAL · APRILES · PRO ⴹhxcv[3]
```

« *Mem(oria) Robb(a)e, sacr(a)e Dei, germana(e) Hono-
r[ati, A]qu(a)esiren(sis) ep(i)s(cop)i. C(a)ede tradi[torum]
vexata meruit dignitate(m) mar[t]iri(i). Vixit annis L et red-
didi(t) isp(iritu)m die VIII kal(endas) apriles, pro(vinciae)
CCCXCV.* »

Le nom, probablement indigène, de Robba ne s'est pas
encore rencontré, du moins à ma connaissance [4]. Robba
était une religieuse, *sacra Dei* (sous-entendez *ancilla*),
sœur d'un évêque d'Aquæ Sirenses, Honoratus. L'emplacement de la ville d'Aquæ Sirenses est connu. Elle était
située sur la rive droite de l'oued el Hammam, la *Sira* des

---

1. Long. 0m79, haut. 0m58, épaiss. 0m13.
2. Sauf celle du prêtre Victor, dont nous avons parlé plus haut.
3 Il n'a pas été possible aux typographes de reproduire certaines
ligatures de ce texte. La chose a d'ailleurs peu d'importance, puisque nous
donnons le *fac-simile* de la pierre fig. 7.
4. On pourrait lire aussi *Bobba* : la première lettre est endommagée.

anciens, dans une petite plaine que surmontent des mamelons blanchâtres, pour la plupart dénudés et creusés de profonds ravins. A douze cents mètres de là, au nord, jaillissent des sources thermales, très appréciées aujourd'hui encore des indigènes : il y a en ce lieu un établissement de bains rudimentaire, appelé Hammam bou Hanéfia. A l'époque romaine, un long canal amenait l'eau à la ville, qui devait son nom à la fois aux sources et à la rivière voisine. Cette cité, la plus importante de la région, couvrait un espace d'environ trente-cinq hectares. On y distingue les vestiges de nombreuses habitations, du mur d'enceinte, épais de plus de deux mètres, de la citadelle assise au milieu d'un dos de terrain, arête qui borde la ville à l'est. Quant à l'évêque Honoratus, il n'apparaît pas ici pour la première fois. Son nom, « *Honoratus, episcopus Adquesirensis* (*sic*), » figure sur les procès-verbaux de la conférence tenue à Carthage en 411, entre évêques catholiques et donatistes. Honoratus était de ces derniers. Sa sœur appartenait, comme lui, à l'Eglise schismatique. Notre inscription nous apprend qu'elle périt sous les coups des *traditeurs* : c'était le nom que les catholiques avaient reçu de leurs adversaires. Elle rendit le dernier soupir le 25 mars 434 : elle était âgée de cinquante ans[1].

Il y avait encore deux ou trois caveaux au sud de celui de Robba. M. Rouziès a découvert en ce lieu, en 1896, l'épitaphe d'un prêtre, Crescens, mort le 27 février 434, à cinquante-cinq ans[2] :

« *Mem*(*oria*) *Crescentis* p(*res*)*b*(*yteri*). *Vixit annis LV ; dis*(*cessit*) *III ka*(*lendas*) *martias*, *anno pro*(*vinciae*) *CCCXCV*. »

---

1. Ou à peu près. Sur ces inscriptions, les âges ne paraissent pas en général avoir été indiqués d'une manière bien précise : cinquante ans, soixante, soixante-dix, quatre-vingts. On comptait donc souvent par dizaines d'années. L'état civil n'existait plus à cette époque.

2. *Bull. d'Oran*, 1896, p. 375.

L'inscription d'un autre prêtre vient d'être retrouvée au même endroit (fig. 7) :

<pre>
MEM DONATI PB
VICXIT NNIS |X
DISCESSIT V · I
DVS MRTIAS ΛI
NO PR ΩΙ ΕΤ ϹI
</pre>

« *Memo(ria) Donati p(res)b(yteri). Vicxit annis LX ; discessit V idus martias, anno pr(ovinciae) CCCC et VII.* »

Ce Donatus mourut donc, à l'âge de soixante ans, le 11 mars 446, douze années après la martyre. Sa tombe, la dernière au sud, est la plus récente de toutes.

Ces monuments funéraires ont reçu, on le voit, des corps d'évêques, de prêtres, de religieuses. Il n'y avait là aucun laïque. C'était un petit cimetière réservé à des clercs. Nous venons de dire que la martyre Robba était donatiste ; les autres chrétiens ensevelis auprès d'elle l'étaient sans doute aussi. Le nom de Donatus que portent un évêque et un prêtre, sans être une preuve formelle, est du moins un indice sérieux en faveur de cette hypothèse : il était alors porté surtout par des donatistes. Il n'est pas sûr que ces personnages aient tous appartenu au clergé d'Alamiliaria. Robba était sœur d'un évêque d'Aquæ Sirenses. L'évêque Donatus, les prêtres ont peut-être exercé le sacerdoce dans des villes voisines : ils ont pu se retirer à Alamiliaria, devenue une sorte de citadelle donatiste, ou bien leurs corps ont pu y être transportés pour y recevoir la sépulture. Quant à Nemessanus, il était très vraisemblablement évêque d'Alamiliaria même : ce que paraît bien attester l'expression « *patris nostri, notre père,* » qui n'est accompagnée d'aucune indication de lieu.

Rappelons ici ce que fut le schisme donatiste. En 303, Dioclétien, par l'édit de Nicomédie, avait ordonné la destruction des églises et des livres de la religion chrétienne.

Beaucoup d'évêques avaient faibli en cette circonstance ; ils avaient remis aux autorités les saintes écritures. Les rigoristes les flétrirent du nom de *traditeurs*. Huit ans plus tard, à la mort de l'évêque de Carthage, Mensurius, le diacre Cécilien fut élu à sa place et consacré par Félix, évêque d'Abthugni. Mais Cécilien avait des ennemis riches et influents parmi les laïques et même dans le clergé de l'église carthaginoise. On lui reprocha d'avoir empêché les chrétiens de porter de la nourriture aux martyrs prisonniers pendant la persécution ; on accusa Félix d'avoir été *traditeur* et on nia la légitimité d'une consécration faite par un indigne. Les mécontents obtinrent (nous ignorons comment) l'appui d'un certain nombre d'évêques de Numidie qui, réunis en concile dans la capitale africaine, déposèrent Cécilien et élurent un certain Majorin. Il y eut dès lors deux églises à Carthage et bientôt le schisme se répandit à travers l'Afrique, divisée en partisans de Majorin et en partisans de Cécilien. D'abord, cette affaire ne fut guère qu'une querelle de prêtres, née d'intrigues fort obscures pour nous et sans doute assez louches. Le reproche de tradition n'était probablement qu'un prétexte invoqué par ceux qui déposèrent Cécilien, car un certain nombre d'entre eux furent accusés, avec raison, autant qu'il semble, d'avoir, eux aussi, faibli pendant la tempête. Mais ce prétexte fut habilement choisi : il attira dans le schisme les puritains, indignés de la lâcheté d'une partie du clergé. Comme en tant d'autres circonstances, où des causes qui, de loin, nous paraissent bien futiles amenèrent de longues discordes, les Africains se jetèrent dans la lutte avec la fougue de leur nervosité inquiète et de leur violent fanatisme : «... *Urbium cives africanarum, quibus, ut est regio, sic mens ardentior,* » disait un placide gaulois, Sidoine Apollinaire. Au début, il n'entrait pas dans l'esprit des mécontents de se soulever contre l'empire romain, ni de fonder une Église séparée du reste de la catholicité : ils s'adressèrent eux-mêmes à Constantin et à deux conciles étrangers, leur demandant de juger le différend. Ils ne repoussaient aucune des doctrines orthodoxes, sauf sur la question du baptême, qu'ils voulaient imposer de nouveau aux hérétiques repentis : en cela ils se conformaient d'ailleurs à la doctrine soutenue opiniâtrement par le grand saint africain, l'illustre Cyprien.

Ils s'appelèrent *donatistes*, du nom de plusieurs de leurs premiers chefs : Donatus de Casæ Nigræ, Donatus de Carthage, peut-être aussi Donatus d'Avioccala. Condamnés par les conciles de Rome et d'Arles, puis par Constantin, ils refusèrent de se soumettre. Ils constituèrent une Église séparée, l'Église des *Saints*, et ils devinrent les ennemis du pouvoir impérial qui, à plusieurs reprises, les persécuta très durement. L'histoire de l'Afrique au quatrième siècle est toute remplie par les mille épisodes de la lutte acharnée des dissidents et des catholiques : discussions de docteurs, où les arguments étaient trop souvent étayés sur des pièces fausses, où les textes sacrés se mêlaient aux injures, assommades dans les rues, sacs d'églises, et même grandes insurrections qui mirent plusieurs fois en péril la domination romaine. En effet, les plus exaltés parmi les donatistes en vinrent à s'allier à d'autres révoltés qui, pour leur part, ne se souciaient guère de l'affaire de Cécilien et des traditeurs. C'étaient des ouvriers agricoles tombés dans la misère et réunis en bandes qui ravageaient les campagnes et massacraient les seigneurs. C'étaient des barbares qui voulaient piller les villes. C'étaient enfin des roitelets indigènes qui rêvaient de se rendre indépendants. L'acclamation « *Deo laudes !* », opposée à la devise catholique « *Deo gratias !* », devint en Afrique un cri de guerre commun aux *Saints*, aux rebelles et aux anarchistes.

A la fin du quatrième siècle et au début du cinquième, saint Augustin fut, par l'autorité de son génie, le véritable chef de l'Église catholique africaine. Il se donna pour tâche de détruire le donatisme, affaibli à cette époque par des querelles intérieures. Il écrivit contre les schismatiques de nombreux traités, dans lesquels il réfuta leurs accusations et montra leurs inconséquences. Il invoqua l'appui du bras séculier, dont il avait d'abord désapprouvé l'intervention dans les affaires religieuses. Des conciles, réunis fréquemment, à Carthage surtout, réclamèrent et obtinrent de l'empereur Honorius des édits de persécution, assimilant les dissidents aux hérétiques. En 410, un rescrit convoqua à une conférence contradictoire tous les évêques catholiques et donatistes d'Afrique. Ceux-ci y vinrent à contre-cœur, prévoyant bien ce qui les attendait. Ils firent leur entrée à Carthage, le 18 mai 411, au nombre de 271 ; les catholiques étaient 286. Ces chiffres paraîtront imposants, mais il faut se souvenir qu'il y avait en Afrique des évêques dans les plus petites villes et même sur les domaines seigneuriaux. Après des débats où l'on épuisa toutes les chicanes, le tribun Marcellin, juge désigné par l'empereur, condamna solennellement les donatistes ; sa sentence fut confirmée peu après par Honorius. Il fut défendu aux schismatiques de tenir des réunions religieuses ; ils durent remettre leurs églises aux catholiques ; d'énormes amendes furent édictées contre les récalcitrants ; les clercs rebelles étaient menacés de l'exil.

Ces mesures rigoureuses eurent, du moins en apparence, le résultat qu'on en attendait. L'Église catholique les seconda en demeurant modérée dans son triomphe : elle conserva leur dignité aux clercs donatistes qui revinrent à elle. Saint Augustin se montrait plus actif que jamais, tantôt réchauffant le zèle des autorités, tantôt leur conseillant la clémence. Parmi ceux qui ne voulurent pas céder, bien peu osèrent résister ouvertement, comme ce Gaudentius de Thamugadi, qui parla de se brûler avec les siens dans son église. Quand saint Augustin vint à Césarée de

Maurétanie, en 418, il rencontra Emeritus, l'évêque donatiste de cette ville, qui avait été l'un des orateurs de son
parti lors de la conférence de Carthage. Il le convia à un
débat. Emeritus se présenta, mais il n'osa point élever la
voix et, depuis lors, il ne se montra plus en public. Cependant il resta beaucoup de donatistes en Afrique, principale-
ment en Numidie, où on les retrouve encore à la fin du
sixième siècle, mais aussi dans les Maurétanies, comme
les découvertes de Bénian le prouvent.

En 429, les Vandales, appelés d'Espagne par le comte
Boniface et conduits par Genséric, envahirent les Maurétanies et les dévastèrent. Ils restèrent maîtres de ces
provinces jusqu'en 442, les occupant d'abord par droit de
conquête, puis en vertu d'un traité formel (conclu à Hip-
pone en 435), qui leur en reconnut la possession pour
trente ans. En 442, un nouveau traité leur donna le pays
qui correspond à la Tunisie et à la partie orientale de la
province de Constantine ; les Maurétanies firent retour à
l'empereur, qui les garda jusqu'en 455.

Les Vandales, on le sait, étaient chrétiens, mais hérétiques : ils professaient l'arianisme. Dès leur arrivée en
Afrique, leur rage de destruction s'était surtout tournée
contre les églises catholiques. Les donatistes firent-ils
cause commune avec eux ? Nous savons par saint Augustin que certains dissidents avaient cherché, quelques
années auparavant, à se concilier la faveur des Goths,
ariens comme les sujets de Genséric, en prétendant qu'ils
avaient les mêmes croyances qu'eux. Peut-être firent-ils
de même avec les Vandales. Nous n'avons cependant
aucune preuve d'une alliance entre les barbares et les
donatistes. Mais il est permis de supposer que ceux-ci ne
durent pas assister sans satisfaction aux épreuves qui
frappèrent alors leurs persécuteurs et qu'ils profitèrent
de la confusion générale pour relever la tête. De nouveaux
troubles religieux éclatèrent et ce fut sans doute dans

quelque bagarre que périt Robba, assommée par des catholiques. Les donatistes l'élevèrent à la dignité de martyre. Au dire de leurs adversaires, ils étaient prodigues de ce titre glorieux. Saint Optat le leur reprochait déjà, soixante ans plus tôt. « Sont-ce là des martyrs ces gens auxquels
» nul ennemi du Christ n'a ordonné d'accomplir des actes
» d'idolâtrie, d'offrir des sacrifices immondes, de renier le
» nom de Dieu… Si vous voulez en faire des martyrs,
» prouvez d'abord qu'ils ont aimé la paix religieuse, qui
» est le fondement du martyre, qu'ils ont chéri l'unité qui
» plaît à Dieu, qu'ils ont eu pour leurs frères des senti-
» ments de charité ». Et saint Augustin déclarait à son
tour que les chrétiens morts pour une juste cause étaient
les seuls auxquels on pût décerner le nom de martyrs.

IV

L'église d'Alamiliaria était située dans la partie orientale de l'enceinte fortifiée, presque en face de l'entrée qui s'ouvrait à l'ouest, entre deux tours. On doit remarquer qu'une partie du rempart a été abattue, soit avant l'érection de cet édifice, soit au début des travaux de construction : les fondations des murs postérieurs de l'abside et des sacristies reposent en effet sur la base même du rempart, rasé à cet endroit. La basilique mesure 26^m80 de long sur 16 mètres de large. Elle est bâtie en moellons, qu'interrompent de distance en distance des pierres de taille dressées verticalement, de manière à consolider l'appareil. C'est de cette façon qu'ont été construits presque tous les monuments chrétiens d'Afrique. Les parois ont une épaisseur de 0^m65. Selon l'usage presque invariable dans cette région, la façade regarde l'occident. Elle est percée d'une seule porte, au centre. L'intérieur était partagé en une nef centrale, large de 6^m60, et en deux collatéraux, mesurant l'un et l'autre 3^m65. Deux rangées de piliers, en pierres de taille, reposant sur des dés plats, bordaient la nef. Ils étaient coiffés de dosserets, qui avaient à peu près la forme d'un tronc de pyramide renversé et qui supportaient des arcades jetées entre les piliers. Nous trouvons ici une disposition assez fréquente en Afrique dans les églises des localités pauvres, où l'on n'avait pas de colonnes à prendre dans des édifices païens et où l'on ne voulait pas faire la dépense d'en tailler de neuves. On donnait en général au plan supérieur du dosseret une longueur dépassant sensiblement la largeur (ici les mesures sont 0^m77 et 0^m53): ce qu'explique la fonction de ce membre d'architecture, qui devait porter les retombées de deux arcades, se faisant suite parallèlement à ses côtés longs. Par sa forme allongée, le dosseret était plus apte que le tailloir carré d'un chapiteau à servir à cet usage. Aussi jugea-t-on à propos, dans des églises où les nefs étaient séparées par des colonnes et où les arcades remplaçaient les classiques architraves, de jucher des pièces semblables sur les chapiteaux, avec lesquels elles semblent, à première vue, faire double emploi : les retombées des arcades reposèrent ainsi sur une base plus large, plus massive, et les moulures délicates des chapiteaux furent soulagées par cette sorte de coussinet. Les basiliques de Ravenne offrent des exemples bien connus d'une telle superposition. Mais, à l'origine, le dosseret en forme de pyramide tronquée paraît bien avoir été employé comme imposte entre un pilier carré et deux arcades, imposte rudimentaire, dans laquelle de simples plans inclinés tenaient la place des moulures traditionnelles, étagées les unes au dessus des autres. C'est cette fonction qu'il a conservée à Bénian. Les arcades étaient constituées par des claveaux en pierres de taille, dont beaucoup ont été retrouvés dans les fouilles. Par dessus, s'élevait un mur en matériaux légers, percé de fenêtres qui éclairaient la nef. Un fragment de cadre en pierre, recueilli dans le voisinage de l'abside, paraît avoir appartenu à une de ces ouvertures. Rien n'indique que les collatéraux aient eu des tribunes. Conformément à la règle générale, ils devaient être plus bas que le vaisseau central : leur toiture, dont les fermes s'inséraient dans des trous percés au dessus des arcades, s'inclinait vers l'extérieur. Quant à la nef, elle était surmontée d'une toiture à double pente. Partout on a recueilli des morceaux de charbon, provenant de la charpente en bois, des débris de tuiles plates à rebords et de tuiles demi-cylindriques, destinées à dissimuler les joints des premières. Une mince couche de béton recouvrait le sol de la basilique.

Sur une profondeur de 4^{m}80, la partie postérieure de la nef était isolée par une grille en métal ou par une barrière en bois, dont on voit les trous de scellement au bas des piliers. C'était là le lieu réservé aux chantres, qui prit plus tard le nom de *chorus*, le chœur. L'ambon, d'où les lecteurs lisaient les saintes Écritures et d'où l'évêque prêchait dans certaines églises, devait se trouver à l'entrée de cet espace ; il était sans doute en bois. Dans beaucoup de basiliques africaines, l'autel se dressait au milieu du chœur. Mais tel n'était pas le cas, croyons-nous, à Hénian : nous indiquerons tout à l'heure la place qu'il occupait probablement.

A une époque peut-être assez basse, on enterra sous le chœur plusieurs personnages que leurs mérites ou leurs fonctions sacerdotales avaient dû rendre dignes de cet honneur. Nous avons retrouvé deux squelettes, dont l'un était étendu exactement au centre de l'espace réservé, tandis que l'autre gisait un peu plus à droite. Ils avaient la tête tournée vers l'orient, selon la coutume d'alors. Par dessus les fosses, on avait établi, en travers du chœur, une sorte de plate-bande, large de 0^{m}40, entièrement composée de briques [1], et affleurant le sol.

1. Les briques (0^{m}50 $\times$ 0^{m}25 $\times$ 0^{m}04) sont toutes dressées verticalement,

Une abside à peu près semi-circulaire termine la nef à l'est. Elle était coiffée d'une voûte en blocage, ayant la forme d'un cul de four. Le sol offrait une mosaïque dont il ne subsiste plus que quelques misérables fragments ; au lieu d'être taillés dans des marbres de différentes couleurs, comme c'était l'usage, les cubes sont des morceaux de briques et de silex blancs ou noirs : les ouvriers s'étaient servis des matières qu'ils avaient sous la main. En général, l'abside, où se tenait le clergé, où l'évêque avait sa chaire et d'où, à l'origine, il parlait aux fidèles, était surélevée par rapport au reste de l'édifice. Mais ici l'exhaussement est anormal : il atteint 1ᵐ 50. L'examen du sous-sol nous expliquera cette particularité. On montait par deux petits escaliers de six marches, établis l'un à droite, l'autre à gauche d'une estrade en maçonnerie, dont la hauteur atteignait le niveau de l'abside. C'était sans doute là que s'élevait l'autel : l'officiant l'abordait par l'abside et il y célébrait la messe la face tournée vers l'assistance, suivant le rite primitif. Nous n'en avons retrouvé aucun vestige, ce qui n'est pas très étonnant : comme beaucoup d'autels africains, il devait être en bois. Tel était, par exemple, celui d'une église de campagne, voisine de Bagaï en Numidie. Saint Augustin raconte que des énergumènes donatistes entrèrent un jour dans cet édifice, au moment où un évêque catholique s'y trouvait. Celui-ci, effrayé, se réfugia sous l'autel, mais les agresseurs brisèrent le meuble sacré et se servirent des planches qui le constituaient pour assommer le malheureux.

A Bénian, l'ouverture de l'abside présentait une décoration élégante, que l'on peut rétablir par la pensée à l'aide de divers fragments recueillis dans le voisinage immédiat

disposées en plusieurs files parallèles et reliées par du mortier. Elles présentent sur une de leurs faces des sillons faits avec les doigts avant la cuisson : souvent ces stries se coupent de manière à former des croix. Plusieurs carreaux portent, sur la face opposée, une grande R, tracée à la pointe : c'est une marque d'ouvrier, autant qu'il semble.

des escaliers et de l'estrade. Il y avait là une rangée de deux colonnes isolées et de deux colonnes engagées, qui supportaient sans doute une architrave en bois. Des ornements ou des images étaient peut-être dressés sur le faîte. Nous donnons fig. 8 la reproduction d'un des chapiteaux, dont le travail est fort soigné [1] : on en a exhumé un autre, de même facture, qui était posé sur une demi-colonne. Le style rappelle celui de quelques autres chapiteaux chrétiens découverts précédemment en Afrique, en particulier à Fériana et dans la grande basilique de Tébessa (tribunes des bas côtés). Les deux entrecolonnements extrêmes, au sommet des escaliers, pouvaient être fermés par une grille, interdisant l'accès de l'espace réservé au clergé. Il est possible aussi que des rideaux mobiles aient été suspendus à des tringles entre les fûts. Nous retrouvons ailleurs une colonnade semblable placée à l'entrée d'une abside. L'exemple le plus connu est celui de la vieille basilique de Saint Pierre de Rome, détruite au xvie siècle : on y avait employé des fûts en marbre blanc, ornés de ceps de vigne. C'est dans cette disposition qu'il faut peut-être chercher l'origine de l'iconostase, paroi décorée d'images, qui, de nos jours encore, sépare, dans les églises du rite grec, le sanctuaire du reste de l'édifice. Mais l'iconostase a surtout pour objet de cacher le mystère de l'Eucharistie, tandis qu'ici l'autel était probablement placé, comme nous l'avons dit, en avant de la colonnade [2].

A gauche, l'abside communiquait par une porte avec une sacristie, aussi élevée qu'elle. Cette salle, qui n'avait aucune ouverture sur le collatéral dans le prolongement duquel elle se trouvait, était le *diaconicum*, où l'on gardait le mobilier et les livres sacrés et où les clercs s'habillaient avant les offices. De l'autre côté, une salle semblable servait à recevoir le pain et le vin que les fidèles offraient

---

1. Ce chapiteau, en pierre, mesure 0[m] 50 de hauteur.
2. Il en était de même à Saint-Paul hors les murs, à Rome.

FIG. 8.

pour l'Eucharistie. Elle était à un niveau plus bas que l'abside et le *diaconicum*. Elle avait une porte donnant sur l'extérieur et très probablement aussi une autre ouverture sur le collatéral de droite, mais il ne semble pas qu'elle ait communiqué avec l'abside. On retrouve presque partout en Afrique ces deux salles flanquant une abside semi-circulaire. C'est là aussi une disposition très fréquente en Syrie. Les édifices religieux de ces deux contrées présentent du reste une assez étroite parenté, dont les causes ne sont pas encore suffisamment éclaircies.

Il nous faut maintenant descendre dans la crypte (voir

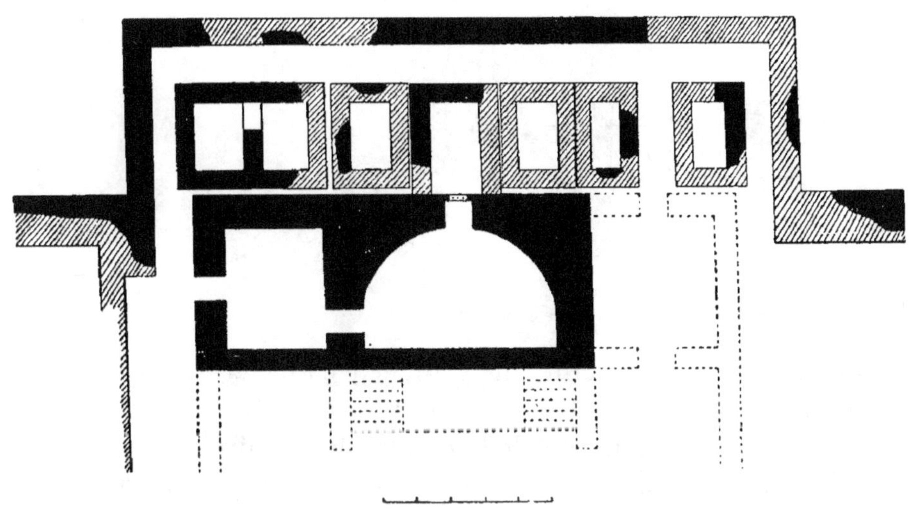

Fig. 9.

fig. 9 le plan et fig. 10 la coupe, suivant la ligne A-B du plan général). Une porte était ménagée dans le soubassement du *diaconicum*, à gauche : elle devait être précédée d'un escalier, destiné à racheter la différence du niveau. Elle donnait accès à une première chambre de forme rectangulaire, voûtée en berceau. De là, on pénétrait, par un étroit passage, haut seulement de 1^m 60 et qu'une porte pouvait fermer, dans un espace établi sous l'abside, semi-circulaire comme elle, mais de dimensions un peu moindres. La calotte en moellons qui le recouvrait est encore assez bien conservée. A l'est, au milieu de la courbe que décrit le mur, est ménagée une sorte de niche quadrangulaire, qui, à une hauteur de 1^m 20, est percée d'une petite fenêtre. Cette niche n'a pas été recoupée dans la paroi ; elle existait dès l'origine : il suffit d'examiner avec un peu d'attention la maçonnerie pour s'en convaincre. L'ouverture, qui mesure seulement 0^m 60 de haut sur 0^m 50 de large, donne sur le caveau de la martyre Robba. Elle est bordée d'un cadre en pierre encore intact, où l'on voit les trous

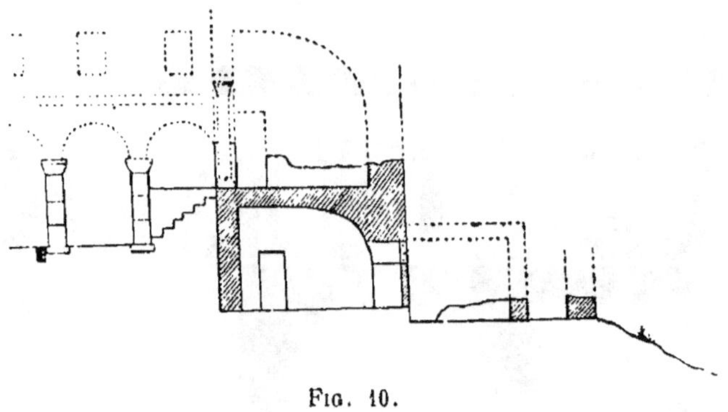

Fig. 10.

qui servaient à assujettir une grille fixe en métal, formée de trois barreaux verticaux et de trois tringles horizontales. En arrière, du côté de la crypte, deux autres trous, percés dans le plafond du cadre, recevaient les pivots d'un volet à tabatière. Nous sommes ici en présence d'un exemple fort curieux de *fenestella confessionis*. Le mot *confessio* désignait, on le sait, le tombeau d'un chrétien qui, par le martyre, avait confessé solennellement sa foi. Les fidèles aimaient à venir prier contre les sépultures vénérées de ces héros du Christ, à les voir de près ; les objets que l'on mettait en contact avec les cercueils ou les sarcophages des martyrs devenaient de véritables reliques, auxquelles on attribuait des vertus miraculeuses : c'étaient, surtout, des pièces de linge ou d'étoffe, *brandea, palliola, oraria,* que l'on employait à ce pieux usage. Mais, comme il fallait préserver la tombe des dégradations, on n'en permettait pas, d'ordinaire, l'accès immédiat. On perçait, dans la paroi du caveau qui l'abritait, une fenêtre par laquelle les visiteurs pouvaient introduire les objets de piété. Des lampes, des cierges étaient allumés auprès de l'ouverture, et les dévots emportaient souvent un peu d'huile, prise à ces lampes : c'était de l'huile sanctifiée, « *oleum sanctificatum* ». Les réduits, qui, sous les autels, renfermaient des reliques de saints, présentaient des fenêtres semblables. C'est ainsi que nous trouvons une *fenestella* mentionnée dans un écrit africain, composé vers l'année 420. L'auteur célèbre les miracles accomplis à Uzali, près de Carthage, par la vertu des reliques de saint Étienne qui y étaient conservées. Un muet, dit-il, était venu à cet endroit pour implorer sa guérison. N'ayant pas d'*orarium*, il arracha la manche de sa tunique et la passa à plusieurs reprises à travers la *fenestella.* Il la faisait descendre jusqu'au coffret qui contenait les saintes reliques, puis il la ramenait et l'appliquait à sa bouche. L'hagiographe ajoute que cet homme recouvra ainsi l'usage de la parole.

La crypte de notre église a certainement été construite en même temps que le reste de l'édifice, comme l'attestent la continuité des murs et l'exhaussement anormal de la sacristie et de l'abside. Elle ne comprend que les deux salles que nous venons de décrire : il n'y avait pas de chambre souterraine à droite. On voit, par ce qui précède, quelle était la destination de cette crypte : elle permettait de visiter le tombeau de la martyre, placé derrière la basilique. La première salle, sorte de vestibule, servait aussi de magasin : on y a trouvé de nombreux débris de jarres, de pots, de cruches ; ces vases contenaient peut-être des provisions de blé, de vin, d'huile, etc., pour les

pauvres de la communauté. Cela nous remet en mémoire
un passage de l'inventaire dressé par les magistrats muni-
cipaux, qui, lors de la persécution de Dioclétien, allèrent
saisir le mobilier de l'église de Cirta (Constantine) : ils
mentionnent non-seulement des jarres et des cruches,
mais 82 robes de femme, 46 tuniques d'homme, 19 capes
de paysan, 13 paires de chaussures d'homme et 47 paires
de chaussures de femme.

La basilique de Bénian paraît avoir été précédée d'un
porche, bordé par une rangée de piliers qui soutenaient
un toit incliné. On avait fait, en cet endroit, quelques
ensevelissements. Deux épitaphes, malheureusement in-
complètes, y ont été recueillies (fig. 11). L'une se rapporte
peut-être à un diacre du nom de Maurus, décédé le 30
novembre 439 :

M MA͞R D░░░░░░░

VICXIT Aϒ░░░░░░░

|XX_DISCESS.░░░░░░░

DIE · KAL · DECE░░░

BRES AN P ꓷIꟼ

« *M(emoria) Maur[i ?] d[iaconi ?]. Vicxit a[nnis] LXX;*
« *discessi[t pri]die kal(endas) dece[m]bres, an(no) p(rovin-*
« *ciae) CCCC.* »

L'autre, dont la mutilation est fort regrettable, men-
tionnait un évêque [1] :

|░░░ϒVS · EPS · IANNO

|CLESIA ALA∞ TEM

|VIT · IN FIDE E VN░░ꓯE

« *...us, ep(i)s(copus) Ianno ..... [ec]clesia Ala(miliariensi)*
tem ..... [requie]vit in fide e(t) un[ita]te. »

Cet ecclésiastique semble avoir exercé la dignité épisco-

---

1. Elle a été trouvée par M. Rouziès, il y a trois ans déjà, et publiée,
mais imparfaitement, dans le *Bulletin d'Oran*, 1896, p. 374.

FIG. 11.

pale en un lieu, d'ailleurs inconnu, dont le nom commençait par *Ianno...* [1]. Il mourut, ou du moins il fut enterré à Alamiliaria. La formule finale « il s'est endormi dans la foi et l'unité » prouve qu'il était catholique.

Auprès de l'église, s'élevaient plusieurs bâtiments. Au nord, nous avons trouvé les ruines de deux salles, auxquelles on accédait probablement par une petite porte latérale. C'est en vain que nous avons cherché le baptistère. Il faut dire d'ailleurs que nous n'avons pas pu procéder à une exploration complète des abords de la basilique.

Elle est entourée sur trois côtés, au nord, à l'ouest et au sud, d'une enceinte fortifiée qui vient, à l'est, s'appuyer au rempart de la ville. Cette enceinte enferme un espace à peu près carré : trente-quatre mètres de long sur 35^{m}10 de large. Épaisse de 1^{m}30 à 1^{m}50, elle est formée de deux parois accolées, dont l'une, constituant la face extérieure, est en pierres de taille assez mal ajustées, et dont l'autre est en moellons. Quelques parpaings, posés en travers, relient ces deux murs. La porte principale, qui ne mesure guère plus d'un mètre de largeur et de 1^{m}70 d'élévation, s'ouvre au milieu de la face occidentale. Elle est encore en bon état. On la fermait avec une grande pierre en forme de disque [2], dressée et maintenue dans des rainures. Quand on voulait ouvrir, on faisait glisser cette roue dans une longue coulisse, ménagée sur un des côtés de l'entrée. Ce système de clôture se retrouve en Afrique dans beaucoup d'édifices de basse époque. Le front ouest de l'enceinte présentait aussi deux poternes, et, d'après quelques vestiges, il était peut-être précédé de deux bastions semi-circulaires, flanquant la porte centrale.

---

1. On pourrait se demander, il est vrai, s'il ne convient pas de lire « *I anno* », c'est-à-dire « *primo, anno* », la première année du règne de quelque souverain vandale. Ce serait la date de l'élévation de ce personnage à l'épiscopat d'Alamiliaria. Mais cette explication serait peu vraisemblable, car, si le graveur avait voulu indiquer une date, il aurait sans doute écrit, selon l'usage, « *anno I* », et non « *I anno* ».

2. Diamètre 1^{m}65, épaisseur 0^{m}14.

Il est difficile de déterminer la date de cette muraille. Le procédé de construction est le même que dans le rempart de la ville. Cependant le travail est plus négligé ; de plus, nous avons constaté l'emploi de matériaux empruntés à des monuments d'époque antérieure : pierres tumulaires, fragments de corniche, débris de pressoirs. Nous serions assez disposés à croire que l'enceinte est postérieure au rempart, mais antérieure à la basilique. Elle aurait d'abord servi de réduit défensif, de citadelle à la place forte d'Alamiliaria. Plus tard, on y aurait installé l'église, qui fut ainsi protégée à peu de frais. Une observation que nous avons faite donne une certaine vraisemblance à cette hypothèse. La basilique, que l'on a voulu placer dans le même axe que le tombeau de Robba, ne se trouve pas très exactement au milieu de l'enceinte : elle est éloignée de 8ᵐ 30 du mur sud et seulement de 8 mètres du mur nord. Par suite, la porte percée au milieu du front ouest de l'enceinte n'est pas tout à fait dans l'axe de l'entrée de l'église. Je sais bien que les constructeurs de l'époque vandale ne se piquaient pas d'une précision mathématique ; cependant ces différences s'expliquent tout de même mieux si l'on admet que l'enceinte et l'édifice chrétien ne sont pas contemporains.

La basilique d'Alamiliaria n'était qu'une église de petite ville de province, presque perdue à la frontière. Elle offrait des dispositions fort simples et, en général, banales, sauf la crypte établie sous l'abside[1]. Elle était dépourvue de tout aménagement luxueux : la colonnade qui barrait l'entrée de l'abside était le seul ornement de cette bâtisse. Elle ne manque cependant pas d'intérêt : d'abord parce

1. Dans les temps qui suivirent le triomphe du christianisme, plus d'une basilique fut élevée auprès d'un tombeau vénéré et reliée à ce tombeau (*basilica conjuncta tumulo*). Mais, en règle, ce n'était pas une crypte qui unissait l'église au sépulcre. On ne pourrait guère citer à cet égard que la basilique de Saint-Laurent hors les murs, près de Rome ; encore les dispositions de la crypte qui y fut établie au temps de Constantin sont-elles fort incertaines.

qu'il est possible, avec les éléments recueillis dans les fouilles, de la reconstituer avec certitude ; ensuite parce qu'elle
peut être datée d'une manière précise, ce qui n'est pas le
cas de la plupart des monuments chrétiens épars sur le
sol africain. Examinons cette question chronologique.

Nous avons fait remarquer que le mur de fond de l'abside et des sacristies a été assis sur le rempart même, que
l'on avait préalablement rasé. Pour quel motif ? il est aisé
de le comprendre. A partir de l'année 422 [1], des chrétiens
appartenant à l'Eglise donatiste, avaient enterré plusieurs
personnages importants contre le rempart, en dehors de la
ville, selon l'usage séculaire des Romains qui n'admettaient pas de sépultures *intra muros*. Parmi ces morts, vint
prendre place une martyre, dont la mémoire fut l'objet
d'un tel culte qu'on résolut d'élever une basilique au lieu
où sa tombe avait été établie et où elle devait rester, car
les chrétiens des premiers âges éprouvaient de grands
scrupules à déplacer les corps de leurs saints. En pareil
cas, on disposait d'ordinaire le plan de l'église de telle
sorte que l'autel fût placé au-dessus même du tombeau.
Mais, ici, il était malaisé d'adopter ce parti. Le caveau
de la martyre était sur une pente rapide qu'il eût
fallu transformer en une terrasse, exigeant de vastes travaux de soutènement. D'autre part, il aurait sans doute été
nécessaire de détruire les caveaux voisins, qui pourtant
renfermaient des morts vénérés. On se décida donc à
construire la basilique à côté et non au-dessus de la tombe,
en installant le chevet sur le rempart même. Pour relier
étroitement le tombeau et l'église, on fit la crypte, avec sa
fenestella confessionis. Le mur occidental du caveau fut
abattu et l'épitaphe de la martyre placée à l'intérieur de la

---

1. C'est la date de l'épitaphe de Nemessanus et de sa sœur. Il faut
remarquer cependant que, sur cette inscription, on n'a gravé qu'après
coup les âges et les dates. Il est donc probable que le caveau a été édifié
à une époque un peu antérieure, du vivant même de ces deux personnages.

chambre funéraire, en face de la *fenestella,* d'où on put la lire.

Si nous admettons l'existence antérieure du réduit défensif, il y avait là, pour les constructeurs de la basilique, un cadre tout trouvé. La protection de l'édifice était ainsi assurée sur trois côtés. Il est vrai que la quatrième face du réduit, constituée par le rempart de la ville, fut en grande partie rasée, comme nous venons de le dire. Mais on la remplaça par une muraille nouvelle, que l'on éleva plus à l'est, au-delà des caveaux, et dont les vestiges sont très nets. Ainsi, les sépultures et la basilique furent enfermées dans une même enceinte.

De ces observations, il résulte que l'église est postérieure à la mort de Robba, c'est-à-dire à l'année 434. Mais elle fut construite presque immédiatement après, comme l'indique une des deux épitaphes que l'on a trouvées en avant de la façade et qui recouvraient probablement des tombes établies sous le porche[1]. Cette inscription date, nous l'avons dit, de la fin de l'année 439. Ce fut donc entre 434 et 439 que l'on bâtit la basilique. Elle ne peut d'ailleurs appartenir qu'à une époque où les donatistes étaient libres d'agir à leur guise à Alamiliaria et de disposer du meilleur emplacement de la ville. Cependant le soin qu'ils prirent d'enfermer leur sanctuaire et leurs tombes dans une enceinte fortifiée, élevée ou tout au moins agrandie par eux, indique qu'ils n'étaient pas très assurés du lendemain et qu'ils comptaient surtout sur leurs propres forces pour se défendre contre leurs adversaires. Cela convient bien aux temps troublés de la première domination vandale dans les Maurétanies.

Quand ces provinces furent rendues à Valentinien III, en 442, le catholicisme redevint la seule religion permise.

---

1. Ces ensevelissements *intra muros* étaient des dérogations à la règle indiquée plus haut, règle qui commençait alors à ne plus être rigoureusement appliquée.

L'empereur et le pape y veillèrent. Dans une lettre écrite en 446, nous voyons Léon-le-Grand s'inquiéter du cas d'un certain Maximus, évêque maurétanien, qui avait été autrefois donatiste : il exigea de lui une déclaration formelle d'orthodoxie. Ce fut alors que les catholiques durent prendre possession de la basilique d'Alamiliaria ; sans doute après 446, car une épitaphe retrouvée derrière l'église, nous apprend qu'à cette date encore, on ensevelit auprès de la martyre le prêtre Donatus, qui était vraisemblablement un schismatique [1]. L'inscription funéraire de l'évêque, qui mourut « dans la foi et l'unité » et qui fut enterré devant la façade de l'église, est au contraire comme un titre de propriété des catholiques. Ceux-ci semblent d'ailleurs avoir usé de modération ; ils laissèrent subsister le caveau de la martyre et même son inscription, pourtant outrageante pour eux. Un tiers de siècle plus tard, en 484, un évêque catholique d'Alamiliaria, Mensius, assista à la conférence religieuse de Carthage, réunie par ordre du roi Hunéric. C'est la dernière mention qui nous soit parvenue d'Alamiliaria. Très peu de temps après, la plus grande partie de la Maurétanie Césarienne fut arrachée aux Vandales par les barbares d'Afrique. Une dynastie indigène, qui fit peut-être élever, dans le voisinage de Frenda, les vastes mausolées appelés aujourd'hui les Djedar, paraît avoir régné sur la lisière du Tell et des steppes. La civilisation antique ne se retira pas brusquement de cette région : elle y végéta longtemps encore, grâce surtout au christianisme qui s'y maintint. On a trouvé à Hammam bou Hanélia, à Tiaret, à Lamoricière, à Tlemcen des tombes chrétiennes du sixième et même du septième siècles. Les morts enterrés sous les Djedar étaient chrétiens. Au onzième siècle encore, en pleine domination

---

1. L'évêque Donatus mourut aussi après l'année 439. Ces deux ecclésiastiques furent peut-être ensevelis dans des caveaux bâtis plusieurs années avant leur mort.

musulmane, il y avait à Tlemcen une église, que fréquentaient quelques hommes, restés obstinément fidèles aux croyances de leurs ancêtres. Il est très probable que la basilique de Bénian disparut fort longtemps auparavant. Les débris de charbon dont le sol de cet édifice était jonché prouvent qu'elle fut détruite par le feu, comme beaucoup d'autres églises africaines.

On nous pardonnera d'avoir parlé si longuement de cette petite ville d'Alamiliaria, qui fut à l'origine une place forte de la frontière romaine et qui devint plus tard une sorte de lieu saint et de citadelle pour des schismatiques. Les fouilles de M. Rouziès seront sans doute bien accueillies par les historiens et les archéologues qui s'intéressent aux premiers temps du christianisme. Dans cet ordre d'études, il y a encore en Algérie bien des découvertes à faire. Je connais, aux environs de Sétif, de Khenchela, de Tébessa, de nombreuses ruines d'églises qui n'attendent peut-être que quelques coups de pioche pour nous livrer des documents d'un grand prix. Sous ces décombres dorment peut-être des martyrs, — des martyrs qui ne seront sans doute pas tous schismatiques ou hérétiques, et dont le culte pourra être relevé par l'Eglise catholique. Après Rome, nulle terre n'est plus riche que l'Afrique en souvenirs chrétiens. Ce sont des monuments africains qui forment la meilleure part du musée chrétien du Louvre. Nous y avons envoyé l'inscription de notre martyre donatiste, les épitaphes de l'évêque Donatus, du prêtre du même nom, de l'évêque catholique enterré devant l'église de Bénian, enfin un des chapiteaux de la colonnade de l'abside. Ce don de l'Association rappellera la première campagne de fouilles qu'elle ait patronnée en Algérie.

Stéphane GSELL.

Baugé (Maine-et-Loire). — Imprimerie Daloux